鄭曼髯 著

老子易知解

中華書局印行

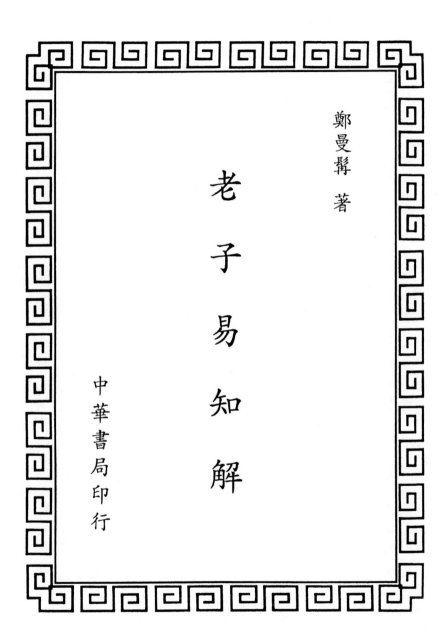

課老子感言

近著有老子易知解，諸生乞予授之，茲定於中秋開課，感述數言，聊以見意。老子之作，後六經而先四書，乃最古之作家也。崇尙微妙，以鼓吹無爲，可謂成千古獨特之言。垂二千四百餘年，注釋者達千四百人，現存幾七百家，英人威壘，敢大膽譏評，謂俱未得老氏之心有以也。惜威壘氏之注，亦僅奏膚功，故予猶未能已乎言者，以有所見也。老子自謂，吾言最易知，何以注逾千家，猶爲懸解。漢自河上公、嚴君平、葛玄諸人之注，俱泥道家語，致有隔閡。惟河上之言，較平允，至晉王弼，乃抹煞前人之說，則離矣！唐宋以來人各異說。使老子化身遂成千億，考之者十九援莊子以爲證，莊生寓言以寄意，何可泥其跡也。若論字義之訓詁，古今文固大異，漢之諸賢，却已論定，如河上及王弼諸家本，可酌從者從之，議之者，雖紛紜，聽之可耳。倘意與義乖。闕疑爲愈，雖然老子蓋深於世故者，乃甚厭人情。而欲肥遯，希有蟬脫塵埃之舉。故謂夫跡有非履之喻，而況以跡求老氏之心者乎？知之者惟仲尼一人而已。謂老子其猶龍乎？信矣。然老子既猶龍然，安可取飛與走者爲喻？故予爲老子易知解，而專從老子之言有宗，事有君，體會得之。如其所謂無爲而無不爲，亦可謂無欲而無不欲。故謂以正治國，以奇用兵，治大國若烹小鮮，以無事而取天下。可見正復爲奇，奇仍歸乎無事。至於徼妙乃老子之門道，簡直言之，即其秘密之訣竅也，其易行歟否？恐猶有待乎來者。

己酉處暑曼髯寫於紐約

卷頭小引

道

道有三，易繫辭曰，立天之道，曰陰與陽，立地之道，曰柔與剛，立人之道，曰仁與義。淺近言之，道譬猶道路也。然此路，係屬於思路，則有以異乎道路也。

老子之所謂道

與孔子大異，老子假陰陽剛柔之變化與推移，乃天地自然之道。爲鼓吹無爲之說，反立人曰仁與義之道，以爲有爲爲而不美。惟孔子之謂仁與義，正猶人所應由之道路耳。

哲理

書稱經德秉哲，經常也，卽謂常德所秉持者，哲之實也。哲與聖相較，聖猶資始之道，哲猶資生之德，亦卽聖猶名也，哲猶實也。故夫聖，孔子不居，及其臨沒，則自謂哲人其萎。近世翻譯弗羅索非爲哲學，錯了！弗羅索非，乃廣義之智學，非老子所謂無爲抱一，孔子所謂吾道一以貫之之哲理也。

道德經

易曰：天之資始道也，地之資生德也。所謂道德者，卽天地之道德也。經者常也。卽所謂經者，道之常也。

老聃傳

鄭曼髯

老子者，姓老名聃，陳國相人也，修道德，以無爲無名爲務。近有嚴氏靈峯，考之當理，謂春秋時僅有姓里，晉有里克，魯有里革，而無李姓者。老氏蓋出於顓頊之子，老童之後，見風俗通義與老萊子乃同姓耳。始知司馬遷之說，不可從也。李宗之子孫，以聃爲初祖，而老氏之祀遂絕，遷實使之然也。聃固非常人，孔子嘗稱其猶龍邪？信哉斯言。老氏之言政也，寓積極於消極之中，故所謂治大國若烹小鮮。其言兵也，以至柔馳騁至堅，以無有而入無間，故謂以正治國，以奇用兵，極其所謂徼妙者，爲無爲已耳。觀其所爲學，則謂學不學，以及乎欲不欲，亦卽猶學可學，非常學，欲可欲，非常欲也。究其所謂常學常欲者，何也？知其雄，守其雌，知其剛，守其柔，以及知壯守弱，知榮守辱，知進守退，知有守無之類，此之謂負陰而抱陽，負形於外，守其陰也，抱容於內，知其陽也。抱陽者，服天氣也，負陰者，化精髓也，髓行骨中，氣循踵息，得其用者，冲氣以爲和耳。是之謂和其光，而同其塵，此老氏之欲之學，合而之謂道。亦可謂通天人之際，豈不欲有以行之哉？爲周守藏室之史，居之久，莫之知，而歎其道之不行，去之至關。關尹喜曰：子將隱，强爲我著書。廼述道德五千言而行，莫知所終。初孔子適周，往問道焉，語及仁義，老子曰：今子之所言，猶迹也，夫迹履之所出，而迹豈履哉。又曰：且君子得時則駕，不得其時，則蓬累而行。吾聞之良賈，深藏若虛，君子盛德，容貌若愚，去子之驕氣與多欲，是皆無益於子之身，吾所以告子，若是而已。孔子辭，而老子送之曰：吾聞富貴者，送人以財，仁人者，送人以言，吾不能富貴，竊仁人之號，送子以言曰：博辯廣大，危其身者，發人之惡者也。爲人子者，毋以有己。

爲人臣者，毋以有已。當是時也，孔子年不過强仕，固能得老氏之箴言若是，若非以其有盛德也，老子以無爲自化者，惡肯出此言也？後之學儒者，則紬老，以爲所言未足信；學老者，亦紬儒；必欲實是言也，俱殊可笑，爲老氏者，却已實行其言矣。不得其時，則蓬累而行。爲孔氏者，亦已實行其志焉。曰：吾執御焉！孔子終其身，御人以道。老子則猶乘風雲而上天，各行其道可耳。復何有相犯者焉？又何有相背者焉？

丁未五月十九日寫於紐約

老子易知解 目錄

目錄

老子易知解 下篇

老子易知解 上篇

永嘉鄭曼髯註

一章

道可道。非常道。

道，可以稱道之者，非天地常久不滅之道。

名可名。非常名。

道常無名，如可稱道之者，乃非資始資生、如天地常久不滅之名。

無名天地之始。有名萬物之母。

無名有名，下文已自解曰：有生於無，天下有始，以爲天下母。有母然後生萬物，此之謂元牝，爲天地根。且三十二章有謂，道常無名，又曰：始制有名。皆是承此意耳。

故常無欲。以觀其妙。常有欲。以觀其徼。此兩者。同出而異名。同謂之玄。玄之又玄。衆妙之門。

徼小道也。徼與妙，同出而異名，同謂之玄，故結之曰：衆妙之門。是明說，妙有門，徼有道也。下文又曰：玄牝之門，爲天地根。又曰：天門開闔能無雌乎，悉謂萬物之母，之注解耳。然老子之所尙，乃無爲無欲，忽又謂：常有欲，以觀其徼何也？必合六十四章，謂是以聖人欲不欲，並觀之，始可知聖人之欲，亦猶欲可欲，乃非常欲之意已耳。

按所謂常道常名者，乃非仁義之人道。而老子獨取陰陽剛柔，稱天地之常道，而尤詡陰以勝陽，柔以勝剛，嫌人道以有爲，爲僞故鼓吹無爲，又謂常無欲可名於小，萬物歸焉而不爲主，可名爲大。所謂常名者，如是而已。且觀妙觀徼，乃同出而異名，其爲門道者，二而一也。（按者，竊以我見而分析之，以下同此不贅。）

二章

天下皆知美之爲美。斯惡已。皆知善之爲善。斯不善已。

此與下文，知我者希，則我者貴，相反相承，可見皆知其爲美爲善者，亦以賤焉。

按仁爲天下之最美者，義爲天下之最善者。而老聃不獨有以反之，且謂善復爲妖，乃實以人道之仁義，爲不美不善矣。

故有無相生。難易相成。長短相較。高下相傾。音聲相和。前後相隨。

自難易以至前後，乃六句皆互相爲用，可與廿七章善人者不善人之師，不善人者善人之資，可並觀而得其趣矣。

是以聖人處無爲之事。行不言之教。萬物作焉而不辭。生而不有。爲而不恃。功成而弗居。夫唯弗居。是以不去。

此即廿五章人法地，地法天，天法道，道法自然，是爲生而不有，爲而不恃，敎不待言而行，黃帝其由之焉。

三　章

不尙賢。使民不爭。不貴難得之貨。使民不爲盜。不見可欲。使民心不亂。

是稱無爲之利。

是以聖人之治。虛其心。實其腹。弱其志。强其骨。

治，理也。虛其心，無爲也。實其腹，黃帝所謂：聖人服天氣而通神明，亦卽二十章所謂：貴食於母。母，萬物之母，天地之生氣，卽老子之道也。弱其志，志藏乎脾。强其骨，骨屬於腎。脾爲後天之本，腎爲先天之命，且腎爲作强之官，志如過强，不獨虧損其本元，且亦傷其命根。骨何能致强？養其精，塡其髓，此歧伯所謂：骨髓堅固，乃立命之本耳。若謂聖人之治，乃爲腹懷食，亦足以爲老子之道德經乎？

常使民無知無欲。使夫智者不敢爲也。爲無爲則無不治。

六十五章謂：非以明民，將以愚之。此謂：我愚人之心也哉！沌沌兮老子將欲有以化民，故倡之。

四　章

道冲而用之或不盈。淵兮似萬物之宗。挫其銳。解其紛。和其光。同其塵。湛兮似或存。吾不知誰之子。象帝之先。

道用冲和，故虛而不盈。四十五章有：大盈若冲，其用不窮。體則淵兮似萬物之所宗，挫銳解紛，乃歸無爲抱一，和光同塵，湛兮神之猶存，誰之子，象帝之先。參看廿五章：有物混成，先天地生。又曰：吾不知其名，字之曰道，强名之曰大。

五　章

天地不仁。以萬物爲芻狗。聖人不仁。以百姓爲芻狗。

天地之道，不以仁稱；萬物之生，一任自然。其滅也。與芻狗無異。芻草之爲狗，乃古之尸祝者，祭祀用之，既事，則棄之，言其無涉於仁也。聖人與天地合其德，亦不私與人以仁也。其於百姓亦猶天地之於萬物，與爲芻狗等耳。

按：天地與聖人皆未然以仁爲仁，據此乃直接反對稱仁爲美爲善之說。若謂地不爲獸生芻，而獸食芻；不爲人生狗，而人食狗，可謂佞矣。且獸非盡食芻者，人寧專食狗乎？弼以是而釋老子，何乃太易乎？

天地之間。其猶槖籥乎。虛而不屈。動而愈出。多言數窮。不如守中。

屈，竭也。數，音朔，急疾也。槖受籥如櫝，籥鼓槖以管。槖籥者，治工之工具也。以此形容天地，猶鼓風爐也。以其中虛，故不致竭。動而愈出，以應無窮。人如能守中法天地，則不在多言；多言，必致速窮。莊子所謂：得其環中，以應無窮。亦猶是也。

六章

谷神不死。是謂玄牝。玄牝之門。是謂天地根。緜緜若存。用之不勤。

谷神者，卽谷之有神，曰玄牝。神何用稱不死，卽以喻長生久視之道，且玄爲天，牝爲地。天之氣通乎鼻，故玄又爲鼻；地之氣通乎口，牝又爲口。亦以喻人之有口鼻，猶天地之有根也。總此皆稱服氣養氣之用，在乎緜緜若存，用之不勤已耳。此爲老子徼妙之門道，未可忽視者也。且喻玄牝謂若谷之虛，虛而不虛，卽謂氣耳。

七章

天長地久。天地所以能長且久者。以其不自生。故能長生。是以聖人後其身而身先。外其身而身存。非以其無私邪。故能成其私。

不自生者，故能長生。是有以異乎萬物，以其有生，乃有滅。聖人後其身外其身者，爲無爲也。爲者敗之；爲無爲者，故能成其私。

八章

上善若水。水善利萬物。而不爭。處衆人之所惡。故幾於道。

下流，人之所惡，水注之，而不避其卑汚，且善利萬物。謂善者能若水，可稱上善，則近道矣。

居善地。心善淵。與善人。言善信。正善治。事善能。動善時。夫唯不爭。故無尤。

言人能善此七者，如水之無爭，則無尤矣。

九　章

持而盈之。不如其已。揣而梲之。不可長保。

揣，音椽，上聲，度量也。梲，音拙，梁上短柱也，又名侏儒柱。持而盈之，有限耳，不如其止也；雖云度量而梲之，然以其器材弱小，不可長保。

王弼以梲作銳解，似嫌不倫。梲從木，不可作金類解。

金玉滿堂。莫之能守。富貴而驕。自遺其咎。功遂身退。天之道。

不能守則已矣，驕則遺其咎。誰能效天道如春花秋實，功遂而退？

十章

載營魄抱一。能無離乎。

營黃帝內經所謂：營衞。營，屬血。衞，屬氣。關尹子曰：魂附乎血，魄附乎氣，血性常降，氣性常升，及其死則反之，魂乃上升，魄則下降。營魄者，古注多作魂魄，其詳如是。此乃設問人，載魂魄抱一，能不死而至於離乎？弼營字作漏解，却指營魄爲人之常居處，不知所云。

專氣致柔。能嬰兒乎。

專氣，服氣也，已詳見上。致柔，歧伯曰：筋脉和同。故老氏謂筋柔握固，乃返老還童之侯，此尙氣之根據。

滌除玄覽。能無疵乎。愛民治國。能無知乎。天門開闔。能無雌乎。明白四達。能無爲乎。

覽，觀也。疵，病也。常有欲，常無欲，得能觀徼妙者，玄覽也。人縱能滌除其眸子，能淨而無疵乎？愛民治國，能使其無知無欲乎？雌者，坤也，闔也，天門不能長開而無闔也。明白四達者，明四目，達四聰，能無爲乎？以上六問，人誰能合於道乎？老子重守雌，故曰：知其雄，守其雌。乃承此意也。

生之畜之。生而不有。爲而不恃。長而不宰。是謂玄德。

恃，仗也。宰，河上公註：割也。生任自然，復何有爲有恃。玄德者，乃地之德也，參看六十五章：玄德深矣，遠矣，與物反矣。是之謂道。

十一章

三十輻。共一轂。當其無有車之用。挻埴以爲器。當其無有器之用。鑿戶牖以爲室。當其無有室之用。

輻，音福，車輪中木之直指者。轂，音谷，輪之中正爲轂，空其中，軸所貫也。輻湊於外，輻數爲三十，轂數爲一，見禮記考工記。挻，和也。埴，粘土也。爲食器也，以及乎室，皆言其中虛，得以爲用。

故有之以爲利。無之以爲用。

以上言有車、器、室，皆當其無有。無者，却以之爲用；有之，秖足爲利耳。下章已解之曰：聖人爲腹不爲目。實其腹者，氣也；盈其谷者，亦氣也。可見腹必如谷之虛，谷却自有腹之實。能是，可得其利，可得其用焉。目務外則傷神，如能存神養氣，若無目，反得其用也。

十二章

五色令人目盲。五音令人耳聾。五味令人口爽。馳騁畋獵。令人心發狂。

此皆證明有器爲用之害，終之，則猶爽然若失也。

難得之貨。令人行妨。是以聖人爲腹不爲目。故去彼取此。

不貴難得之貨，故去彼取此。彼者，實則虛之；此者，虛則實之。猶腹之應實，反服氣以虛之；谷之應虛，却以氣而盈之。如目應以視爲用，却使其無用而反視。此老子所謂聖人之道也。若以弼謂腹懷食，則取此，而可以抉去其目矣，又何云：有之以爲利，無之以爲用也？

十三章

寵辱若驚。貴大患若身。何謂寵辱若驚。寵爲下。得之若驚。失之若驚。是謂寵辱若驚。何謂貴大患若身。吾所以有大患者。爲吾有身。及吾無身。吾有何患。

視爾身能否若爾腹，寵得之貴者，猶否若五色、五音、五味乎。

若以身爲有身者，終當爲色、音、味所傷，是爲大患。苟視爾身若腹之虛，其如而後盈之以氣，能若是，則可收有爲利，無爲用，又有何患？此之謂外其身，而身存。

故貴以身爲天下。若可寄天下。愛以身爲天下。若可託天下。

貴以身，愛以身，若爲天下，則可寄可託以天下於爾身焉。

十四章

視之不見名曰夷。聽之不聞名曰希。搏之不得名曰微。此三者不可致詰。故混而爲一。

夷，芟也。雖覩丘陵，等乎平地。希，罕也，少也。微，幽也，妙也。詰，問也。三者不可致詰，何也？四十一章有謂：大音希聲，大象無形，道隱無名。故不可致詰。混而爲一者，道也，故聖人抱一爲天下式。

其上不皦。其下不昧。繩繩不可名。復歸於無物。是爲無狀之狀。無物之象。是謂恍惚。迎之不見首。隨之不見後。執古之道。以御今之有。能知古始。是謂道紀。

不皦不昧，謂混一也。繩繩相繼不盡貌。無狀無象，雖欲迎隨而恍惚。參翫廿一章有謂：惚兮恍兮，其中有象，恍兮惚兮，其中有物。又謂：執古之道，以御今之有，知古之一，爲道之紀。皆混一之意耳。

十五章

古之善爲士者。微妙玄通。深不可識。夫唯不可識。故强爲之容。豫焉，若冬涉川。

紀，綱紀也。數起於一，終於十，十則更，故曰紀。得道者，微妙玄通，以其深不可識也，故强爲之形容，若冬涉川，望之者，莫不猶豫焉，有難色，是以莫能行也。

猶兮若畏四鄰。儼兮其若容。渙兮若冰之將釋。敦兮其若樸。曠兮其若谷。混兮其若濁。

猶若畏四鄰，儼若有容，渙若冰釋，敦若樸，曠若谷，混若濁，亦形容道之深，不可識已耳。

孰能濁以靜之徐清。孰能安以久動之徐生。保此道者不欲盈。夫唯不盈。故能蔽不新成。

老主敝則新，故蔽之，不使新成，見二十二章。誰知水濁，止而靜以徐清。物動，安以久之徐生。道不欲盈，故蔽掩之，不使其有所新成，猶八十章所謂：使復結繩而用之。又三十九章謂：萬物得一以生。故吾以第二句必有訛誤，應作：動以安之徐生。安之，然後可得寧一，以致徐生也。

十六章

致虛極。守靜篤。萬物並作。吾以觀復。夫物芸芸。各復歸其根。歸根曰靜。是謂復命。復命曰常。知常曰明。不知常。妄作凶。

虛極靜篤，萬物並作，爲無爲也。至芸芸生意極繁，終各歸根，而復其靜之常。復，陽復也。不知常者，眞昧妄作，未有不殆。

知常容。容乃公。公乃王。王乃天。天乃道。道乃久。沒身不殆。

容無所不包，公無所不平，王無所不往而歸之。天，大也。天法道，道尤大，而且玄，久則無極，體道者能是，則不復有沒身之殆哉！

十七章

太上下。知有之。其次親而譽之。其次畏之。其次侮之。信不足焉。有不信焉。

太上下，卽太古之天下也，有知之。次者親近而稱譽之。又其次者畏之，若冬涉川焉。又其次者，直侮之，不獨大笑而已。有信不足者，且有不信者矣。

悠兮其貴言。功成事遂。百姓皆謂我自然。

若言悠兮其貴者，成事，人以爲自然，却不知爲無爲者，道法自然耳。

十八章

大道廢。有仁義。慧智出。有大僞。

大道者，乃廿五章所謂：天下母也，母在，皆孩視天下也。大道廢，則猶有無母何恃之子焉，見愛之者，謂之仁；與之者，謂之義耳。慧智出者，亦猶無母失恃之子，各謀自立以生存，大僞亦從而生焉。此老子反仁義之原則。

按：老氏謂大道廢，然後有仁義。大道原無物，本無始，亦無名，孰能廢之。若天地中無人，則大道不廢，又安得而存焉？人如舍仁義，則猶天之無陰陽，地之無剛柔，歸混沌矣，何勞反結繩而用之？且結繩，亦慧智也。若以無爲而言，結繩猶多事矣。然人之有大僞，亦猶天地之有陰柔。陽剛不振，而後陰柔著；仁義不明，而後大僞興。老聃自詡以正爲治者，縱有大僞，又何患哉！

六親不和有孝慈。國家昏亂有忠臣。

六親不和者，父不父，子不子，兄不兄，弟不弟，夫不夫，妻不妻，及是時也，稍有能知父子之道者，便以爲孝慈矣。倘天下皆能父父子子者，又何有孝慈之稱也？國家倘皆如唐虞郅治，又何有忠臣之稱哉？

按：老氏從反面說來，亦自有其理。請問何以爲六親？何以爲不和？何以爲郅治，何以爲昏亂？若悉稱無爲者，此說已成餘贅矣。然欲爲無爲者，老氏一人而已。爲有爲者，豈止億萬萬兆人而已哉？此老氏之說，其莫之能行也，可知矣。

十九章

絕聖棄智。民利百倍。絕仁棄義。民復孝慈。絕巧棄利。盜賊無有。此三者以爲文不足。故令有所屬。見素抱樸。少私寡欲。

所謂絕聖仁巧，棄智義利，則利百倍，可復孝慈，而盜賊無有者，其意以爲聖可聖乃有爲也，六十五章所謂古之善爲道者，非以明民，將以愚之。三十八章所謂：失道而後德，失德而後仁，失仁而後義。四十九章所謂：天下渾其心，聖人皆孩之。此乃老子之所謂聖人也。且絕聖仁巧，此三者乃老子一人之言，由來無此明文，故謂文不足。

按：猶龍氏，文思嶄新，邁無前古。然此章既稱見素抱樸，少私寡欲，又安用民利百倍？既絕人道之仁義，又何希孝慈之可復？人眩玄談，而吾却以爲贅矣。

二十章

絕學無憂。唯之與阿。相去幾何。善之與惡。相去若何。人之所畏。不可不畏。

與阿之阿，比也。四十八章有：爲學日益，爲道日損。可見絕學非但無憂，猶宜損之又損也。善惡之相去，已見第二章：天下皆知美之爲美，斯惡已，皆知善之爲善，斯不善已。其相去適得其反。人之所畏，不可不畏，與四十九章：不善者吾亦善之。可參閱也。苟善之，則何畏之有？

荒兮其未央哉。衆人熙熙。如享太牢。如春登臺。我獨泊兮其未兆。如嬰兒之未孩。

熙熙，和也。太牢，天子祭用牛。歎荒遠兮其無極，此衆人享樂之無涯涘，我猶泊止在襁褓時也。

儽儽兮若無所歸。衆人皆有餘。而我獨若遺。我愚人之心也哉。沌沌兮。俗人昭昭。我獨昏昏。俗人察察。我獨悶悶。澹兮其若海。飂兮若無止。衆人皆有以。而我獨頑似鄙。我獨異於人。而貴食於母。

儽，音壘，懶懈貌。沌，音屯，渾沌貌。飂，音聊，高風貌。遺，失也。我雖獨頑似鄙，而有以異於人者，而貴食於母。母，萬物之母也，氣也，應上文：如嬰兒之未孩。故謂服天氣，猶代乳食也。

按：此章所謂我獨異於人等六句，與五十七章：我無爲，以及我好靜，我無事，我無欲等句並觀，可見老子之重我見；重我見者對於意必固三字，皆不可缺少，此正與孔子相反，可見老與孔之異同，焦點在此。

二十一章

孔德之容。惟道是從。道之爲物。惟恍惟惚。惚兮恍兮。其中有象。恍兮惚兮。其中有物。窈兮冥兮。其中有精。其精甚眞。其中有信。自古及今。其名不去。以閱衆甫。吾何以知衆甫之狀哉。以此。

孔，甚也。容，貌也。言甚有德之爲容，惟能從於道也。道之爲道，於恍惚中，其有象有物；於窈冥中，其有精，甚眞。可以信驗之者，是以自古及今，其名之不得去也。衆，多也。甫，始也。謂可閱及萬物之始，推而知其狀也以是。夫道，雖云恍惚，且窈冥，惟其中有象有物，有精甚眞，有信者，卽形容甚有其德也。道德經八十一章，讚德者，如元德、上德、常德之類，俱不同，凡十有七見，言道惟玄，言德愈眞；言道惟虛，言德愈實；言道惟隱，言德愈著。如修之於身，其德乃眞；修之於家，其德乃餘；以及修之於鄉於國於天下，而其德乃長，乃豐，乃普。甚至謂聖人執左券，有德司契，無德司徹。是故孔德之孔，不可作空字解。道乃以德爲根，如掘空其根，則道失所依據矣。倘認此一字未眞，則五千言之道德經，根本爲之動搖矣。

按：此章乃形容道之所以爲道。必欲究老子之道者，舍此章與前十四章，則無從着手矣。老子自有其道，乃得服氣之效。求養生者，如法其無爲無欲，篤而行之，意者必可獲其信驗。故謂有象有物，有精甚眞有信也。我何以知老子能是？以少日病甚欲絕，略從其養氣之法行之，已得延長四十餘年，此老氏之德於我者，何敢忘也？雖然，我，人也，應言人道，乃所願學孔子，以爲壽縱能齊彭錢，於人類無裨也。然而學長生又一事也，究與人道有一間耳。

二十二章

曲則全。枉則直。窪則盈。敝則新。少則得。多則惑。是以聖人抱一。爲天下式。

窪，音洼，與窊同。古語謂：曲則全，卽委曲求全也。老氏援例，申之以枉直窪盈敝新，與下文，知雄守雌，知白守黑，知榮守辱，及病病不病等語，皆充其意也。少得多惑，抱一爲式者，究本窮源，不致或惑也。

不自見故明。不自是故彰。不自伐故有功。不自矜故長。夫唯不爭。故天下莫能與之爭。古之所謂曲則全。豈虛語。誠全而歸之。

此節大致與易之謙尊而光，卑不可踰，君子之終也，之意近似。

按：老子引禮經，謂全而歸之，乃從理論一面而言。曾子臨終，召門弟子曰：啓予足，啓予手，詩云：戰戰競競，如臨深淵，如履薄冰。而今以後，吾知免夫，小子。而曾子乃以心身體驗，其趣愈於老氏矣。

二十三章

希言自然。故飄風不終朝。驟雨不終日。孰爲此者。天地。天地尚不能久。而況於人乎。

希言自然，希，少也。少言出乎自然，則合乎道。四十三章有：不言之教，無爲之益，天下希及之。正與多言數窮相反。故飄風驟雨，雖天地爲之，不能久也，以其過疾與暴，有以失乎自然，此亦有以嫌人爲之無益也。

故從事於道者。道者同於道。德者同於德。失者同於失。同於道者。道亦樂得之。同於德者。德亦樂得之。同於失者。失亦樂得之。信不足焉。有不信焉。

同於道者，道亦樂得之，以其道同，故得道爲樂。同於德者亦然。此易所謂同聲相應，同氣相求之意，又謂：同於失者，失亦樂得之，須與三十八章：故失道而後德，失德而後仁，失仁而後義。參閱，方可得其旨趣。謂同爲失道者，而樂得其德也，同爲失德者，而樂得其仁也。然旣失道失德者，以其不明道與德，是以得仁與義，亦以爲樂也。信不足焉，有不信焉，此謂失道與德者，有信不足者，乃失道與德或不信者之所致也。

二十四章

企者不立。跨者不行。自見者不明。自是者不彰。自伐者無功。自矜者不長。其在道也。曰餘食贅行。物或惡之。故有道者不處。

企，音器，擧踵望也。自見自是自伐自矜，與廿二章同出。此節却又解之曰：食之剩餘，行之不當，有道者不處也。

二十五章

有物混成。先天地生。寂兮寥兮。獨立不改。周行而不殆。可以爲天下母。吾不知其名。强字之曰道。强爲之名曰大。

混成者，一也，道也，乃先天地而生。寂，靜也。寥，虛也。獨立無對也。天地有時或毀，道不滅，故曰不改。周行，猶周流六虛而不盡也，乃爲天下萬物之母。道無名，故曰：强名之耳。

大曰逝。逝曰遠。遠曰反。故道大。天大地大人亦大。域中有四大。而人居其一焉。人法地。地法天。天法道。道法自然。

逝，往也。遠，無極也。反，周而復也。故曰道大，與天地同大，人亦大者，人居三才之一也。或作王亦大者，以其有爲而偏着也。從善本應作人爲是，人何以法地？以其有生畜之德。地何以法天？以其有陰陽之道。天何以法道？以其能混成一也。道何以法自然？以其能從自然而然也。

二十六章

重爲輕根。靜爲躁君。是以聖人終日行。不離輜重。雖有榮觀。燕處超然。奈何萬乘之主。而以身輕天下。輕則失本。躁則失君。

輕，猶枝葉。重，猶本也。躁，猶流火。靜，猶日也。輜重，行李也。猶言聖人雖止終日行，亦不離衣食之具，是亦不離其本也。榮觀，河上公注：謂宮闕也。雖有榮觀，猶未若平居而超然也。萬乘之主，輕則失本，躁則失其分也，誠不可以身輕天下耳。

二十七章

善行無轍跡。善言無瑕讁。善數不用籌策。善閉無關楗而不開。善結無繩約而不可解。

讁，同謫，咎也。楗，音鍵，限門也。以上第八章讚上善若水，連擧七事。此又讚行言數閉結五事，其要妙無窮，是謂爲無爲，達無不爲之妙用。

是以聖人常善救人。故無棄人。常善救物。故無棄物。是謂襲明。

襲、音習，合也，因也。是謂襲明，乃援引古語。八十一章有謂：天之道，利而不害。聖人與天同德，猶禹之治水，稷之播穀，文王視民如傷，皆常善救人而無棄人。且至於恩及禽獸，澤及昆蟲，故常善救物，而無棄物。皆合乎天道，不獨因襲其明德而已。

故善人者。不善人之師。不善人者。善人之資。不貴其師。不愛其資。雖智大迷。是謂要妙。

師之與資，不獨能得其用，且俱與之化焉，無不善也。不貴愛其師之與資，則迷惑矣，知此爲要妙。然此所稱之智，非絕聖棄智之智，乃老聃所稱道之聖智也。

二十八章

知其雄。守其雌。爲天下谿。爲天下谿。常德不離。復歸於嬰兒。知其白。守其黑。爲天下式。爲天下式。常德不忒。復歸於無極。知其榮。守其辱。爲天下谷。常德乃足。復歸於樸。

此皆喻道之善下，及有所歸也，與三十二章：譬道之在天下，猶川谷之於江海。六十六章：江海之所以爲百谷王者，以其善下之。同此意也，守雌及黑與辱，善下也。爲谿，及谷與式，有所歸也。常德不離不忒，乃足，故能歸於嬰兒與無極及樸也。此反復形容道體，以其爲難名也。

樸散則爲器。聖人用之。則爲官長。故大制不割。

參看三十二章。樸雖小，天下莫能臣，以其實完整也。及樸散爲器，則非若道體也，故聖人用爲官長，得分治也。若歸於樸，猶大制之不割裂也。

二十九章

將欲取天下而爲之。吾見其不得已。天下神器。不可爲也。爲者敗之。執者失之。

神無形，器無神，神之爲器，以喻天下之不可爲，猶不可執也。

故物或行或隨。或歔或吹。或强或羸。或挫或隳。

是以聖人去甚、去奢、去泰。

挫字據河上公本，作載，義較合。六十四章謂：聖人以輔萬物之自然，而不敢爲。故任其行隨歔吹强羸載隳，不過去甚及奢與泰而已耳。

三十章

以道佐人主者。不以兵强天下。其事好還。師之所處。荆棘生焉。大軍之後。必有凶年。

所謂其事好還，猶殺人者人恒殺之之意。三十一章有：佳兵者不祥之器，物或惡之，故有道者不處。四十二章有謂：强梁者，不得其死。且兵所過，凶害隨至，非獨君子不爲，且亦不忍覩也。

善有果而已。不敢以取强。果而勿矜。果而勿伐。

果而勿驕。果而不得已。果而勿强。物壯則老。是謂不道。不道早已。

果，克敵致果也。謂以道强天下者。然已致果，尤不可矜，及伐與驕。至不得已時，仍勿取强，以物壯便老，猶兵强則折，非道也，不道，則早已。

三十一章

夫佳兵者。不祥之器。物或惡之。故有道者不處。君子居則貴左。用兵則貴右。兵者不祥之器。非君子之器。不得已而用之。恬淡爲上。勝而不美。而美之者。是樂殺人。夫樂殺人者。則不可得志於天下矣。

夫佳兵不祥之器，殊欠安。而河上公葛玄與王弼本，俱作佳，未加注。後之考者，各殊，較以作唯字近理。然以夫惟冠首，以下疊見，皆未錯，惟此佳字獨訛，未之信。姑仍佳兵之舊，闕疑之爲愈。

吉事尚左。凶事尚右。偏將軍居左。上將軍居右。言以喪禮處之。殺人之衆。以哀悲泣之。戰勝以喪禮處之。

吉事尚左，凶事尚右，古禮也。故古之用兵，以爲凶事，亦尚右。雖勝，猶以爲不美。殺人衆，乃哀泣之。六十九章故謂：抗兵相加，哀者勝矣。

三十二章

道常無名。樸雖小。天下莫能臣也。侯王若能守之。萬物將自賓

道常無名，注見上。以其尙質樸，故以樸實爲喻，樸實其小如豆，故曰：雖小，天下莫能以臣視之。而況道乎。侯王若能守之。三十九章謂：侯王得一以爲天下貞。是乃守其貞也，貞，正也。賓，從也。

按：三十七章有：吾將鎭之以無名之樸。正爲此章發揮。以道常無名，喻之以樸也，旋亦以無名二字名樸，反以喻道之常無爲也。後之昧於文理者，亂將此句，以無名樸爲逗，不倫。若突然擧出無名樸在前，旋用鎭之以無名之樸，則倒置矣。

天地相合。以降甘露。民莫之令而自均。始制有名。名亦既有。夫亦將知止。知止可以不殆。譬道之

在天下。猶川谷之於江海。

天氣下降，地氣上升，天地和合自成春，故甘露從之以降。侯王自能守其貞，民亦莫之令而自均，則政得其平矣。始制，承上二十五章：吾不知其名，强字之曰道，强爲之名曰大，則有名矣。知止可以不殆，而能長久。故天下之於道，猶川谷之歸江海也。

三十三章

知人者智。自知者明。勝人者有力。自勝者强。

知人雖智，何如自知之明？不然則曰：雖智大迷。勝人者，雖有其能力與智力，不如自勝者强，老氏主以柔克剛爲强，故曰：心使氣曰强。反之則曰！强粱者不得其死。

知足者富。强行者有志。不失其所者久。死而不亡者壽。

知足者不貪，不貪者，苟有已爲富矣。强行者有志，無爲無欲，非强其志者，惡可得也？死而不亡者，謂雖死而道不廢，則壽，故曰：沒身不殆。

三十四章

大道氾兮。其可左右。萬物恃之而生而不辭。功成不名。有衣養萬物。而不爲主。常無欲可名於小。

氾，廣也。道大且不獨無左右之可言，然上下六虛，亦一環耳。萬物恃之而不辭，謂不名及不爲主者，卽十章與五十一章有所謂：生而不有，爲而不恃。以此言無欲，猶若可名其小。

萬物歸焉而不爲主。可名爲大。以其終不自爲大。

故能成其大。

萬物歸焉而不爲主，可名爲大，乃無爲，結不自大，故能成其大，與六十三章同出。

三十五章

執大象。天下往。往而不害安平太。樂與餌。過客止。道之出口。淡乎其無味。視之不見。聽之不足聞。用之不足既。

此章自執大象，至過客止。一節之文字，詰屈支離，且句調特殊。老子所謂，吾言甚易知，此則不類也。河上公王弼等，皆强爲之解，不知所云耳。不如闕疑，較任添蛇足之爲愈也。

三十六章

將欲歙之。必固張之。將欲弱之。必固强之。將欲廢之。必固興之。將欲奪之。必固與之。是謂微明。

歙，猶斂也。固，猶故也。將欲斂之，故意將其張開。至欲奪固與止，同一用意。微明，猶微妙幽明之意。此引古語，與襲明類也。

柔弱勝剛强。魚不可脫於淵。國之利器。不可以示人。

七十八章有謂：天下莫柔弱於水，而攻堅强者，莫之能勝。故謂淵深水柔，魚性雖剛强，不能脫也。可見歙張與奪，與柔能勝剛，皆用兵之奇，乃猶國之利器，不可示人。

三十七章

道常無名。而無不爲。侯王若能守之。萬物將自化。化而欲作。吾將鎭之以無名之樸。夫亦將無欲。不欲以靜。天下將自定。

此章與前三十二章，用意與句調，俱近似。惟前章以樸喻道，此章以道之無名名樸，二則猶一也。考之者，謬謂前章乃道常無名樸，與此並觀，可以自見矣。此謂萬物化而欲有作，故欲以無名之樸鎭之，亦將無欲。雖不欲，其以靜，則天下亦將自定，故曰道常無名，而無不爲矣。

老子易知解　下篇

三十八章

上德不德。是以有德。下德不失德。是以無德。上德無爲。而無以爲。下德爲之。而有以爲。上仁爲之。而無以爲。上義爲之。而有以爲。上禮爲之。而莫之應。則攘臂而扔之。故失道而後德。失德而後仁。失仁而後義。失義而後禮。夫禮者。忠信之薄。而亂之首。

失道而德，道之與德，不可離也，猶陰之與陽，與男之與女也。可離，則不得其爲天，爲人也。上德與下德，自然與反自然之不同。仁與義自有差別，上義爲之，以有是非也。上禮爲之，而莫之應，甚至待其攘臂引之，乃失道矣。故謂之忠信之薄，而亂之首耳。扔，音仍，引也。

前識者。道之華。而愚之始。是以大丈夫處其厚。不居其薄。處其實。不居其華。故去彼取此。

六十七章謂：不敢爲天下先，故能成器長。是以不重前識，識競人先，猶道發華耳，亦愚者之始事也。必欲鎮之以無名之樸，崇其實，處其厚，不居其華，去彼所成器小，守此以道自化。

三十九章

昔之得一者。天得一以淸。地得一以寧。神得一以靈。谷得一以盈。萬物得一以生。侯王得一以爲天下貞。

二十二章謂：聖人抱一爲天下式。又曰：爲天下式，常德不忒。所謂得一以清，以寧，以靈，以盈，以生，以貞者，此六者，亦猶聖人抱一之意而已。

天無以清。將恐裂。地無以寧。將恐發。神無以靈。將恐歇。谷無以盈。將恐竭。萬物無以生。將恐滅。侯王無以貴高。將恐蹶。

天得一以清者，氣也，道也；天如不得一，則不清，不清卽是濁，濁則重，重濁，非天，乃成地也，故謂：天不得淸將恐其分裂也。明矣。此與聖人抱一常德不忒一意也。餘如發泄歇絕，則滅則蹶，皆同此意。惟谷得氣以盈，無氣則亦枯竭焉。

故貴以賤爲本。高以下爲基。是以侯王自謂孤寡不轂。此非以賤爲本邪非乎。故致數車無車。不欲琭琭如玉。落落如石。

河上公本作：孤寡不轂，謂以轂喻不能如車轂，爲衆輻所湊，且下文接故致數車無車，此與十一章：三十輻共一轂，當其無車之用。同此轂也。王弼作不穀，上下文俱無此意。且車字作輿，落落作珞珞，俱不及河上公本爲是。謂高貴者無基本不成，侯王孤寡，則不成其爲轂，琭琭稀少而貴，落落多且賤矣。

四十章

反者道之動。弱者道之用。天下萬物生於有。有生於無。

二十五章言：道大，大曰逝，逝曰遠，遠曰反。不反者，窮也，竭也。故反者，道之動力也，在天尙陰，在地尙柔，在人尙母及嬰兒，在物尙水，此皆爲道之用。首章謂：無名天地之始，有名萬物之母。萬物母，天地始，乃生於混一之氣，天得一以淸，地得一以寧，是爲一生二。天地相合，以降甘露，是爲沖和之氣，乃二生三也，三生萬物，是爲有生於無。

四十一章

上士聞道。勤而行之。中士聞道。若存若亡。下士聞道。大笑之。不笑不足以爲道。故建言有之。明道若昧。進道若退。夷道若纇。

聞道能力行者，上士也；疑信參半者，中士也；聞而大笑者，下士也，以其昧於道也。故謂不笑不足以爲道。建，立也。纇，絲之結節也。故立言者，有謂明道若昧，進若退，夷若纇，此猶謂大智若愚，尤非下士所能知也，是以得其反耳。

大德若谷。大白若辱。廣德若不足。建德若偷。質眞若渝。大方無隅。大器晚成。大音希聲。大象無形。道隱無名。夫唯道。善貸且成。

自若谷至若渝五句，與明道若昧意同，有若無，大方，猶圓也，圓安能有隅？器大當然成之晚也。大音直當是希小之聲，大象直當是無形，此之謂道隱於無名也。然而惟道，一任假貸，且善其成也。

四十二章

道生一。一生二。二生三。三生萬物。萬物負陰而抱陽。沖氣以爲和。人之所惡。唯孤寡不轂。而王公以爲稱。故物或損之而益。或益之而損。

陽是⚊，陽極而陰生。陰是⚋，是之謂一而生二，卽在易卦陰陽作⚍，陰極而陽生之謂來復，故謂之陰二而生此⚍三也。在易卦，陽⚊而其中包含爲三，如▣形，此爲陰二生三，亦卽陰⚋，變易作▣也。是之謂陰陽交錯，卽天地交泰也，由三生萬物，乃化成也，此之謂天地絪縕，萬物化醇，男女構精，萬物化生。負陰而抱陽者，卽陰成形於外，而中間所抱者，猶有三之一爲▣形者，陽也。沖氣以爲和者，卽陰陽相生之沖和氣也，乃易之所謂交易變易之道。此道也，以萬物皆由地生，是爲負陰，故以陰與柔主之。此老氏所取於易之道也，故謂王公以孤寡爲稱，人惡孤寡以爲損，而王公偏自稱孤寡，是虞其過益也，此卽或損之而益，或益之而損之謂也。

人之所教。我亦教之。強梁者不得其死。吾將以爲教父。

似謂我之所敎，亦猶人也，强梁者，卽强橫也，以枉直，而梁橫耳。强橫者過用陽剛，而失沖和之氣，此所謂：剛强者死之徒也，故謂不得其死。父，說文：矩也，謂家長率敎以矩耳。老氏主陰與柔，强梁適與之相反，故將以取此，爲敎之矩云爾。

四十三章

天下之至柔。馳騁天下之至堅。無有入無間。吾是以知無爲之有益。不言之敎。無爲之益。天下希及之。

天下之至柔者，猶風與水也。及其力之積也，排山倒海，可以馳騁天下之至堅，極其微也。以無有入無間，淺言其漸也。如風過銅摩，水滴石穿，進而言氣如滲潤透達，眞理俱著，持久自知。此無爲之益，猶不言之教，天下希及之。

四十四章

名與身孰親。身與貨孰多。得與亡孰病。是故甚愛必大費。多藏必厚亡。知足不辱。知止不殆。可以長久。

若甚愛名與貨，則身必大有所耗費。試問孰爲得失，知多藏必厚亡。能知足知止，可免乎辱與殆，能久長矣。

四十五章

大成若缺。其用不弊。大盈若沖。其用不窮。大直若屈。大巧若拙。大辯若訥。躁勝寒。靜勝熱。清靜爲天下正。

自若缺以至於若訥七句，其意不出乎有若無，實若虛耳。寒與熱，皆可以相反而勝之，故天下雖煩囂，可以清靜正之也。

四十六章

天下有道。卻走馬以糞。天下無道。戎馬生於郊。禍莫大於不知足。咎莫大於欲得。故知足之足。常足矣。

天下有道，知足而已，糞其田，以卻走馬耳；反之，禍莫大焉。此承上章之意，知足常足矣。

四十七章

不出戶。知天下。不闚牖。見天道。其出彌遠。其知彌少。是以聖人不行而知。不見而名。不爲而成。

不出戶，以近而測知天下；不闚牖，以理達而天道自見。故謂出彌遠，而知彌少也。是以聖人不行而知，不見而名，不爲而成。下文便申之曰：無爲而無不爲也。

四十八章

爲學日益。爲道日損。損之又損。以至於無爲。無爲而無不爲。取天下常以無事。及其有事。不足以取天下。

爲學者欲其日益也，爲道反爾，日欲其損，損之又損，至於無爲，無爲却無不爲，取天下猶然也。反之者，畔道也，畔道不足以取天下。

四十九章

聖人無常心。以百姓心爲心。善者吾善之。不善者吾亦善之。德善。信者。吾信之。不信者。吾亦信之。德信。聖人在天下。歙歙爲。天下渾其心。聖人皆孩之。

聖人渾一百姓之心爲常心，故無善無不善，無信無不信，亦皆以孩視之也，此乃聖人歙歙爲天下者也。歙歙，猶歛氣息貌。

五十章

出生入死。生之徒十有三。死之徒十有三。人之生。動之死地。亦十有三。夫何故。以其生生之厚。蓋聞善攝生者。陸行不遇兕虎。入軍不被甲兵。兕無所投其角。虎無所措其爪。兵無所容其刄。夫何故。以其無死地。

出生入死之地，如行軍，生之徒與死之徒，可能性，十各居其三。又人之生，動之死地，如自生卽自滅者，亦十居其三。以其生生之厚，生者較死者居多。與善攝生者，絕對不死，則大異，以其爲無爲，猶赤子全其天德，無死機也。此章與下文五十五章，可以參看。

五十一章

道生之。德畜之。物形之。勢成之。是以萬物莫不尊道而貴德。道之尊。德之貴。夫莫之命。而常自然。故道生之。德畜之。長之育之。亭之毒之。養之覆之。生而不有。爲而不恃。長而不宰。是謂元德。

道德之生畜，使物勢形成者，萬物除人以外，何以知其可尊貴也？此老氏之意也。且申之曰：莫之命令，純任自然耳。生畜長育，亭毒養覆，悉盡其德之所致。既不以爲有，又不以爲恃，主長而不主宰殺者，乃德之長也。

五十二章

天下有始。以爲天下母。既得其母。以知其子。既知其子。復守其母。沒身不殆。塞其兌。閉其門。終身不勤。開其兌。濟其事。終身不救。見小曰明。守柔曰强。用其光。復歸其明。無遺身殃。是爲習常。

母爲元牝，已詳見一與四及六二章，可參之。兌在易爲說爲口，閉其門，猶緘其口，而不用勤也。若開口以濟事，則致終其身之不救。故曰：見小反謂明，守弱反爲强，能用其光，卽復歸其明者，無遺身之殃，此習常之道也。習常，亦援古語耳。

五十三章

使我介然有知。行於大道。唯施是畏。大道甚夷。

而民好徑。朝甚除。田甚蕪。倉甚虛。服文綵。帶利劍。厭飲食。財貨有餘。是謂盜夸。非道也哉。

大道甚平，而民不行，偏由小徑，故我雖有大智，行施爲於大道中，是亦可畏也。朝廷雖甚潔除，而田畝荒蕪，倉廩甚虛，而被服文綵，帶利劍，而饜飲食，財貨有餘，是悉爲盜夸眩，非合乎道也。

五十四章

善建者不拔。善抱者不脫。子孫以祭祀不輟。修之於身。其德乃眞。修之於家。其德乃餘。修之於鄉。其德乃長。修之於國。其德乃豐。修之於天下。其德乃普。故以身觀身。以家觀家。以鄉觀鄉。以國觀國。以天下觀天下。吾何以知天下然哉。以此。

善建不拔，善抱不脫，語氣過强，出乎老子，奇哉！修身以達乎子孫，祭祀不輟，廣之而達乎天下，此非有爲乎？似不合老氏之旨，姑闕如不加注焉。

五十五章

含德之厚。比於赤子。蜂蠆虺蛇不螫。猛虎不據。攫鳥不搏。骨弱筋柔而握固。未知牝牡之合。而朘作。精之至也。終日號而不嗄。和之至也。知和曰常。知常曰明。益生曰祥。心使氣曰强。物壯則老。謂之不道。不道早已。

此節贊赤子含德之厚，至精至和，純係寫實，非虛構也。不和便致失常，故知和爲常耳。失常者不足爲明智，故知常爲明耳。損其生者爲不祥，故以益生爲祥。能以心行氣者，雖柔必强。然祥之與强，皆老氏素不稱許，但由赤子之至精至和，進而言之，稱此祥之與强者，乃非常人之所能也。反此者，物壯則老矣，此已見三十章，舉而重言之。螫，音釋，螫蟲之尾，行毒也。據，謂虎不以爪按拏之。峻，小兒陰也。作，造也。謂赤子以牝牡未合，無所毀損耳。嗄，聲不變也。

按：此節言骨弱筋柔，與上之三章，强其骨，則又一事也。此謂赤子之柔弱，尙未長足，謂强其骨者，正與此節益生曰祥，心使氣曰强，同一意也，此乃聖人教人之治道也。塡精補髓，而使骨强也，此正挽救先天之道也。

五十六章

知者不言。言者不知。塞其兌。閉其門。挫其銳。解其紛。和其光。同其塵。是謂元同。故不可得而親。不可得而疏。不可得而利。不可得而害。不可得而貴。不可得而賤。故爲天下貴。

老子嘗重言而疊舉，於此章筆法，見知其用意，豈偶然也？不可視爲錯簡。吾於老子亦可以一言以蔽之，曰：思超塵，是以異於常人也，欲知其言而行之，五百言亦已足矣，其費五千言者，乃丁寧之意已耳，知者不言，言者不知，塞其兌，以至於同塵，是謂元同。元同，亦古諺也，其所不同者，意欲超塵耳，人不得親疏而貴賤之，是以爲貴也。

五十七章

以正治國。以奇用兵。以無事取天下。吾何以知其然哉。以此。天下多忌諱。而民彌貧。民多利器。國家滋昏。人多伎巧。奇物滋起。法令滋彰。盜賊多有。故聖人云。我無爲而民自化。我好靜而民自正。我無事而民自富。我無欲而民自樸。

此所謂正治者，無爲也：無爲而於用兵，猶放任也，卽反謂以奇，是以知無爲而無不爲者，乃奇之又奇也。夫天下者，天下人之天下，非私也，如有事則私焉，不可以取天下。忌諱多者，有事焉而民彌貧。民多利器，多伎巧，彰法令，盜賊亦滋起矣。故聖人乃反之，民自化自樸矣。

五十八章

其政悶悶。其民淳淳。其政察察。其民缺缺。禍兮福之所倚。福兮禍之所伏。孰知其極。其無正。正復爲奇。善復爲妖。人之迷。其日固久。是以聖人方而不割。廉而不劌。直而不肆。光而不燿。

吾嘗謂老子之言，誠易知，愈解而愈不得明者，以人各以其意釋老子，故老子之化身千億，而老子愈神奇矣。譬如此節，焉用解乎？無已，以我意釋之，亦未必是老子意也。政無爲，烏可擧，猶悶悶然，缺缺，猶虧缺也。政者，正也，其無正，過乎察察，反而爲奇，是有爲也。且以奇爲妖，皆迷也，人恆以爲福，皆禍耳。不割而方，不劌而廉，言不待割而正也。不肆以直，不耀以光，其民淳淳然。

五十九章

治人事天。莫若嗇。夫唯嗇。是謂早服。早服謂之重積德。重積德。則無不克。無不克。則莫知其極。莫知其極。可以有國。有國之母。可以長久。是謂深根固柢。長生久視之道。

七十章謂：吾言甚易知，甚易行。言有宗，事有君。正以人之不知，而不行也。如此節連續而自解之，倘仍不知，可不復也，嗇吝也。服習也。母，卽元牝，是爲衆妙之門。深固根柢以此，長生久視，亦不出乎此也。

六十章

治大國若烹小鮮。以道莅天下。其鬼不神。非其鬼不神。其神不傷人。非其神不傷人。聖人亦不傷人。夫兩不相傷。故德交歸焉。

老子雖主張小國寡民，却謂治大國若烹小鮮，此所謂無為而無不為。下文六十三與上三十四章，悉謂：聖人終不為大，故能成其大。所謂：其鬼不神。及：聖人不傷人者，謂鬼不足以妨道，聖人視民如孩，臨國以道，毋用鋤其異己者，且以道治人，不但與人兩不相傷，且德亦交歸之焉。

六十一章

大國者下流。天下之交，天下之牝。牝常以靜勝牡。以靜為下。故大國以下小國。則取小國。小國以下大國。則取大國。故或下以取。或下而取。大國不過欲兼畜人。小國不過欲入事人。夫兩者各得其所欲。大者宜爲下。

以國大比諸海，百川歸之，故謂下流。天下之交者，陰陽也，牝陰也，牝以常靜勝牡，此卽易之所謂：天施而地受。總此章之主旨，取下之與陰，結尤謂：大者宜爲下，盖老氏以陰柔爲用也。

六十二章

道者。萬物之奧。善人之寶。不善人之所保。美言可以市。尊行可以加人。人之不善。何棄之有。故立天子。置三公。雖有拱璧。以先駟馬。不如坐進此道。古之所以貴此道者。何不曰以求得。有罪以免邪。故爲天下貴。

道，猶萬物之奧藏，乃善人之寶貝也，不善人賴以保全之。美言可風行而成市，尊行人崇之，猶加於人也。不善何棄，見廿七章，聖人無棄人。立天子置三公，先之以寶璧，禮也。拱，捧也。然不如坐而進乎此道爲得也。意猶有進乎此者，古人何不曰：有罪可求得免？眞天下可貴之道也。

六十三章

爲無爲。事無事。味無味。大小多少。報怨以德。圖難於易。爲大於其細。天下難事。必作於易。天下大事。必作於細。是以聖人終不爲大。故能成其大。夫輕諾必寡信。多易必多難。是以聖人猶難之。故終無難矣。

爲無爲，事無事，猶無味之味也。不論怨之大小多少，報之以德，可參看四十九章。天下渾其心，聖人皆孩之，報怨以德者，亦渾其心已耳，可圖難於易，爲大於其細焉。反之者，輕諾寡信，多易反多難，必先之以難，反無難矣。

六十四章

其安易持。其未兆易謀。其脆易泮。其微易散。爲之於未有。治之於未亂。合抱之木。生於毫末。九層之臺。起於累土。千里之行。始於足下。爲者敗之。執者失之。

此節言爲之於未有，治之於未亂，毋以其毫末之未兆也。行千里者，始於足下，由邇而及遠，乃自然而然也。爲有爲，而執着者，敗之也。

是以聖人無爲。故無敗。無執。故無失。民之從事。常於幾成而敗之。愼終如始。則無敗事。是以聖人欲不欲。不貴難得之貨。學不學。復衆人之所過。以輔萬物之自然。而不敢爲。

此節不過申前意耳，惟聖人之欲，乃非衆人之所欲也，學亦非衆人之所學也。復衆之所過者，謂復衆人所放任過去之欲與學也，是乃輔萬物之自然者，而不敢爲有爲也。

六十五章

古之善爲道者。非以明民。將以愚之。民之難治。以其智多。故以智治國。國之賊。不以智治國。國之福。知此兩者。亦稽式常。知稽式。是謂元德。

元德深矣遠矣。與物反矣。然後乃至大順。

導之以愚，將以治多智。所謂反者，將以求其正。從極難，而終得最易。從大逆，而取其大順，此皆老氏之術也。賊，害也。稽，合也。式常，古之常式也。元德，見十章，重言之也。

六十六章

江海所以能爲百谷王者。以其善下之。故能爲百谷王。是以欲上民。必以言下之。欲先民。必以言後之。是以聖人處上。而民不重。處前。而民不害。是以天下樂推而不厭。以其不爭。故天下莫能與之爭。

此節之意，以上言之熟矣，此亦老子之婆心，莫嫌其丁寧也，導之以愚，多智又將焉用。

六十七章

天下皆謂我道大。似不肖。夫唯大。故似不肖。若肖。久矣。其細也。夫我有三寶。持而保之。一曰慈。二曰儉。三曰不敢爲天下先。慈故能勇。儉故能廣。不敢爲天下先。故能成器長。今舍慈且勇。舍儉且廣。舍後且先死矣。夫慈以戰則勝。以守則固。天將救之。以慈衛之。

大似不肖，跨竈也，是道也，何以嫌其大？三寶自釋已詳。違之者，取死之道也。不爭先，而成器長，亦上章所謂：大器晚成也。天將救之，因以其慈而衛之也。

六十八章

善爲士者不武。善戰者不怒。善勝敵者不與。善用人者爲之下。是謂不爭之德。是謂用人之力。是謂配天古之極。

此節以上，亦已言之數矣。牝靜常勝牡，故或下以取，弱者，道之用，等語不與者，卽不爭不抗之意耳。配天古之極者，衆妙之門，玄牝也。

六十九章

用兵有言。吾不敢爲主。而爲客。不敢進寸而退尺。是謂行無行。攘無臂。扔無敵。執無兵。禍莫大於輕敵。輕敵幾喪吾寶。故抗兵相加。哀者勝矣。

此承上三寶之意。爲客，及退尺者，即不敢先也。執無兵，攘無臂，行等乎無行者，以退爲進也。扔，音仍，乃引之，不與抗而無敵，哀慈則勝，輕敵幾喪吾三寶矣。此亦老氏用兵之奇也。

七十章

吾言甚易知。甚易行。天下莫能知。莫能行。言有宗。事有君。夫唯無知。是以不我知。知我者希。則我者貴。是以聖人被褐懷玉。

言有宗之一節，五十九章已舉而釋之。謂老氏之言，誠亦知，惟說理，大異恒人，是以礙難行耳。夫唯無知句，可參閱二十章。我愚人之心也哉！我獨昏昏。故老氏從不尙知，是以人不之知。

然知我者希，則我者貴，以聖人被褐懷玉，故知之者希也。

七十一章

知、不知、上。不知、知、病。夫唯病病。是以不病。聖人不病。以其病病。是以不病。

知、不知、上，五十六章：知者不言。猶若不知者，上也。不知、知、病，又有謂不知而言者，知其爲病也，是亦猶强不知以爲知之病耳。究老氏之言若是，惟其言簡耳。夫唯病病是以不病，蓋知其病之爲病，是以不病也，此聖人之所能也。

七十二章

民不畏威。則大威至。無狎其所居。無厭其所生。

夫唯不厭。是以不厭。是以聖人自知不自見。自愛不自貴。故去彼取此。

不畏威，猶玩法也，必至加於大刑。無狎所居，警其居處，毋狎，欲其居敬也。無厭所生，以玩法至死，是猶厭其生耳。如不自厭，天下孰厭之者。是以聖人，自知自愛，可效法也。雖不自見自貴，乃去彼取此可耳。

七十三章

勇於敢則殺。勇於不敢則活。此兩者。或利或害。天之所惡。孰知其故。是以聖人猶難之。天之道不爭而善勝。不言而善應。不召而自來。繟然而善謀。天網恢恢。疏而不失。

此節雖繁複，以天網雖大，然疏而不失，若勇於不敢，則活。仍以守雌，合乎無爲之道。可見天道之難知，聖人則之，亦非易也。下文自不爭，不言，不召，至繟然善謀止，亦無爲而無不爲之意耳。繟者，靜也。

七十四章

民不畏死。奈何以死懼之。若使民常畏死。而爲奇者。吾得執而殺之。孰敢。常有司殺者殺。夫代司殺者殺。是謂代大匠斲。夫代大匠斲者。希有不傷其手矣。

民若畏死，而爲奇異者，執而殺之，孰敢犯之。下文歎司殺者之未知用殺，代之者，不但非其分，亦不當行耳。

七十五章

民之饑。以其上食稅之多。是以饑。民之難治。以其上之有爲。是以難治。民之輕死。以其求生之厚。是以輕死。夫唯無以生爲者。是賢於貴生。

民之饑，以稅過重；民難治，以上之有爲所致；其輕死，以重視求生所驅使。反此，如上者若無爲，而使無以爲生者，是猶賢於貴生也。

七十六章

人之生也柔弱。其死也堅强。萬物草木之生也柔脆。其死也枯槁。故堅强者死之徒。柔弱者生之徒。

是以兵强則不勝。木强則兵。强大處下。柔弱處上。

堅强者，死之徒。柔弱者，生之徒。兵强則不勝，木强則兵。根强大，處下，枝條柔弱，處上，皆自然之理也。

七十七章

天之道。其猶張弓與。高者抑之。下者擧之。有餘者損之。不足者補之。天之道。損有餘。補不足。人之道則不然。損不足。以奉有餘。孰能有餘以奉天下。唯有道者。是以聖人爲而不恃。功成而不處。其不欲見賢。

張弓者，左支右抉，左手支持者，不得動，惟右抉者，可抑可擧也。有餘與不足，可以損與補者，命中進退之作用也。天之道，損有餘，而補不足；人則損不足，以奉有餘。孰能有餘以奉天下，唯有道者有是也。惟聖人與天地合德，爲而不恃，功成而不處，以其不欲以賢見也。

七十八章

天下莫柔弱於水。而攻堅強者。莫之能勝。其無以易之。弱之勝強。柔之勝剛。天下莫不知。莫能行。是以聖人云受國之垢。是謂社稷主。受國不祥。是爲天下王。正言若反。

水之攻堅強也，莫之與易，而天下雖知之，莫能行。故聖人云：受國之垢與不祥，方可爲社稷主，天下王。此正言若相反爾，亦猶知水之柔之爲用，而莫之行也。

七十九章

和大怨。必有餘怨。安可以爲善。是以聖人執左契。而不責於人。有德司契。無德司徹。天道無親。常與善人。

怨，猶惡也。善，猶恩也。恩怨之不可和，亦猶善惡之不可合也。是之謂和怨不足以爲善，聖人執契以待有德者，合也；無德者，徹之去耳。天道無私，惟與有德與善耳。

八十章

小國寡民。使有什伯之器。而不用。使民重死。而不遠徙。雖有舟輿。無所乘之。雖有甲兵。無所陳之。使人復結繩而用之。甘其食。美其服。安其居。樂其俗。鄰國相望。雞犬之聲相聞。民至老死。不相往來。

此境在老子時，已是夢想中事。以至今日，朝夕間可往還於數萬里者，已成極端之反比例。若欲復結繩之用，除非天地有改造之時。什伯者，什夫伯夫之長。

八十一章

信言不美。美言不信。善者不辯。辯者不善。知者不博。博者不知。聖人不積。既以爲人已愈有。既

以與人已愈多。天之道。利而不害。聖人之道。爲而不爭。

此老子之眞、善、美，有眞而後有善，有善而後有美，被褐懷玉，美在其中，非天下所皆知也。知者不博，精一也。已以爲人，已以與人，愈有而愈多，是聖人法天之施爲，故不積耳。且天之道，遂其生長，而不害；聖人法之，故爲而不爭。

鄭曼髯註
姚夢谷校

附錄道德論

夫道有三，易謂立天立地立人耳。德者不可離乎道，猶天之與地，陰之與陽，人之有男女與夫婦也。故學庸首言道德者，以是。簡言之，天之資始，道也；地之資生，德也。若合仁義，而始足爲道德者，則離乎天地，隳三才也。離天地而謂原道，人亦必謂道爾所道，非其所謂道也；德爾所德，非其所謂德也。是之謂無天無地之道德也。易繫孔子之言，何可忘也？吾以是知韓愈之言之易，不思之甚；惟闢老者，維護人道，吾無間焉。老聃之謂道德。

誠爲遠而。當其時，聃亦自知道之不行，去之。漢雖欲無爲爲治，崇尙黃帝已耳。未然從愚民小國之政。可見聃之所謂道德，早已成一人之言，何用大聲疾呼而闢之？孟軻之闢楊墨，以其欲行仁義也，愈之闢老，未知其欲何行也。嗚呼！道之不行久矣，必欲行道德仁義之說者，非有孔孟之德行者倡之，不行也。及仲尼之身，弟子三千。後之宗者，盛行其道，十倍或百倍，甚至千倍，其信徒有限耳。且仲尼謂上智與下愚不移，又何能盡列於孔氏之門？倘惡食粟之家六，其不歸老與佛者，亦未必資生事焉，減輕禍害，或亦不免。然欲建樹道德仁義之說，非一政教不可，徒欲阻人之不入老與佛，將焉益哉？今者人慾橫流，天理幾滅，其有欲歸老與佛者，而其天良尚未喪盡，何備責焉。仲尼，人也，孟軻，人也，我亦人也，我何以不能推己及人，與人爲善，寧自暴棄，喪失人格者乎？若是，雖父兄如孔孟，教之何裨？我之作道德論者，欲儘人敬其覆載，無忝所生，苟無孔孟之倡，立人之道，寧後人乎？天地之間，能有一二人任其責，天之欲圮，可以揞之，何懼人之不我從也？又何必盡天下人，皆行孔孟之道者焉？

戊申三月初二永嘉鄭　曼髯客紐約

中華哲學叢書

老子易知解

作　　者／鄭曼髯　著
主　　編／劉郁君
美術編輯／中華書局編輯部

出 版 者／中華書局
發 行 人／張敏君
行銷經理／王新君
地　　址／11494 台北市內湖區舊宗路二段181巷8號5樓
客服專線／02-8797-8396　　傳　真／02-8797-8909
網　　址／www.chunghwabook.com.tw
匯款帳號／華南商業銀行　西湖分行
179-10-002693-1　中華書局股份有限公司

法律顧問／安侯法律事務所
印刷公司／維中科技有限公司　海瑞印刷品有限公司
出版日期／2015年7月三版
版本備註／據1992年3月二版復刻重製
定　　價／NTD 190

國家圖書館出版品預行編目（CIP）資料

老子易知解 / 鄭曼髯著. -- 三版. -- 台北市:
中華書局, 2015.07
面 ;　公分
ISBN 978-957-43-0140-9(平裝)

1.老子-批評，解釋等

121.317　　81001097

NO.B0015
ISBN 978-957-43-0140-9（平裝）